In 27 1906.

ÉLOGE

FUNEBRE,

DE

JACQUES GUILLAUME SIMONNEAU

MAIRE D'ÉTAMPES,

Impitoyablement massacré dans la journée du 3 mars 1792, l'an quatrieme de la liberté.

Prononcé par Jean-François SIBILLON, Officier Municipal, & actuellement Maire de ladite Ville, en l'Église parroissiale de Notre-Dame, à l'issue du Service célébré en l'honneur de ce généreux citoyen: victime de son patriotisme & de sa constante fermeté à s'opposer à l'infraction des Lois.

EN présence des deux Corps Administratifs, du Tribunal du District, des Tribunaux de paix, d'un Clergé nombreux, des Commendans de la Gendarmerie & Gendarmes, d'un détachement de Cavalerie du 18e. Régiment, & d'un corps de citoyens volontaires de Paris accourus à la défence de cette malheureuse Cité.

Ipsissimis oculis vidi.

A ÉTAMPES,

chez DUTRÉ, Imprimeur des Corps administratifs.

1792.

ÉLOGE

FUNEBRE,

DE

JACQUES-GUILLAUME SIMONNEAU,

MAIRE D'ÉTAMPES.

Prononcé par Jean-François SIBILLON *, Officier Municipal, & actuellement Maire.*

Accipite nunc virûm barbariem, & crimine ab uno discite omnes.

Apprénés ici la barbarie de ces hommes, & par le crime d'un d'entre eux, jugés de quoi ils font tous capables.

EN commencant à élever la voix aux pieds de ce sanctuaire, en jettant les yeux sur cet appareil funébre, sur cette écharpe teinte encore du sang de la victime ; je ne vous cacherai pas que j'éprouve je ne sais quel sentiment de terreur dont je ne puis me défendre. Ce n'eft pas que les faits que j'ai à faire valoir , ne m'inspirent une juste confiance ; quand on a à faire connoître les vertus d'un citoyen qui s'est généreusement devoué pour sa patrie, à-t-on à craindre de ne pas exciter les sentimens de regrets & de reconnoissance ? & dans un fi vafte sujet, l'éloquence du plus foible orateur peut-elle être stérile & infructueuse ?

Le tems n'eft plus où de vils intrigants de cour , revêtus de la pourpre sacerdotale, substituants le mensonge à la vérité , étaloient avec audace à la face des autels , les prétendûs hauts faits de ces hommes qui n'avoient d'autre mérite que celui de se croire audessus des autres, & d'autres vertus que celles de n'en point avoir.

Ici, c'eft un citoyen qui, porté de son attellier , à la premiere magiftrature du peuple, en a rempli les fonctions avec toute la dignité & l'équité qu'exigeoit l'honneur de cette place.

Pour me renfermer dans de juftes bornes, je diviserai ce discours en deux parties.

La premiere renfermera quelques détails sur sa vie privée ; dans la seconde, je parcourerai les différents événemens de cette fatale journée, & conduirai mes auditeurs jusqu'à l'inftant malheureux qui termina sa carriere.

pour vous, Messieurs, je ne vous demanderai point une attention que vous daignez me prêter par tant d'intérêt. ; si je ne puis la fixer par les charmes de l'éloquence, ce sera, du moins, par la grandeur des vertus que j'ai à célébrer.

Ce qui fait toute ma confiance, Messieurs, c'est que le développement de mes idées, ne sera autre chose que l'histoire de vos propres pensées, & que je prendrai dans vos mains mêmes, l'encens que je vais bruler en l'honneur de ce généreux citoyen.

PREMIERE PARTIE.

Comme il est une différence réelle entre les actions qui attirent, plus où moins, l'admiration publique, il est aussi differens dégrés de gloire qui les couronnent, mais quand est-ce que cette gloire, récompense ordinaire des haut faits, est la plus solide & la plus pure ? c'est quand elle est le fruit d'une action qu'on ne peut attribuer à des motifs d'ambition ou d'intérêts ; d'une action qui à du couter bien des sacrifices ; d'une action qui a fait concevoir la plus haute idée de celui qui s'est signalé par elle. Or, Messieurs, tels sont les caractéres auxquels vous allez reconnoître la grandeur du sacrifice de notre généreux Maire. Qu'un homme, à la vue des récompenses promisés à ses succès, se livre aux travaux les plus difficiles, je n'en suis pas étonné : l'éclat de la gloire à des charmes qui l'entraînent ; c'est l'athlete ambitieux qui ramassant toutes ses forces, se sent animé d'une nouvelle ardeur à la vue des couronnes qui l'attendent ; mais qu'un homme ne voie d'autres termes à ses travaux que le tombeau ou la mémoire de ses services demeurera ensevelie avec lui ; que l'avenir ne lui offre d'autre spectacle que des sacrifices sans récompense & des succès sans couronnes ; qu'il n'appercoive au bout de la plus rûde carriere que l'indiférence, l'oublie, & peut-être, le mépris de ses longs efforts ; & que néanmoins, toujours fidele à l'auftérité du devoir, il s'arme de toutes ses forces contre le découragement & la foiblesse, il ne se permette aucun moment d'inaction, aucun intervalle de relâche ; & que, néanmoins, portant gravés dans son cœur, ces principes d'ordre & de rectitude si chers à toute âme honnête, il se livre, sans reserve, à des travaux qui interessent la société, & dont l'ingratitude publique sera l'unique salaire ; & que, néanmoins, il fasse le généreux sacrifice de son repos, de sa vie même ; un tel homme, s'il en exiftoit un parmi nous, ne mériteroit-il pas tous les éloges ? que dis-je, Meffieurs ? s'il en exiftoit un parmi nous ?

ne s'eſt-il pas rencontré dans notre digne ma=
giſtrat? a-t-on vû son zele se rallentir par cette
idée que ses services demeureroient sans récompense? non, Meſſieurs, malgré les désagrémens
de sa place, loin de jamais se livrer au découragement, il ne se rendit au contraire, que plus
exaƈt à en remplir les fonƈtions avec toute la dignité qu'elle exige. Voilà, Meſſieurs, celui à qui
le courage aſſure une gloire immortelle.

Souvent on l'a observé ; les aƈtions les plus
vantées, ne sont pas toujours les plus dignes de
l'être. Tel souvent a été l'objet de l'admiration
des hommes, qui n'eût été que celui de leurs mépris,
ſi l'on eût connu les ressorts secrêts qui le faiſoient
agir. Mais lorsque, sans se laisser éblouir par
l'appareil momentané des éloges, on cherche à
réduire à sa juſte valeur, une aƈtion vantée, que
voit-on alors, Meſſieurs? que souvent l'intrépidité
la plus héroïque en apparence, n'eſt que l'ou-
vrage d'une ambition cachée qui cherche à se faire
valoir ; que tel qui a bravé les plus grands dan-
gers, fut demeuré dans l'inaƈtion, s'il eût man-
qué de speƈtateurs & de théatre ; que tel qui fait
sonner de ſi haut son patriotisme & son déſin-
terressement, aspire en secret à cette célébrité
lucrative qui pourroit lui élargir les voies de la
fortune. Mais ici Meſſieurs, que l'on sonde le

cœur de ce citoyen, qu'on en parcoure les replis les plus cachés, que l'on consulte tous les instans de sa vie privée, de quelle pureté de motifs, de quelle nobleſſe de sentimens on sera frappé! & qu'y verra-t-on de plus? une ame qui n'ayant que la magnanime émulation de l'humanité, n'accorda jamais à ses plaiſirs, rien de ce qu'elle croyoit devoir à la misere du peuple ; qui conserva, toujours, dans l'aisance, cette rectitude de sentimens, cette conſiſtance de mœurs qu'il eſt rare d'y pouvoir conserver.

O vous tous infortunés, qu'il a continuellement, comblé de ses bienfaits, que ne puis-je vous rassembler ici sous les yeux de mes auditeurs ! qu'il seroit éloquent, le langage de cette reconnoissance qui ne s'éteindra dans vos cœurs qu'avec vos derniers soupirs.

Élever à sa gloire un monument, ce sera dire à tous les Français : voilà votre modele ; ce sera inspirer à tous, l'amour de ce désintéressement qui produit les grands hommes dans tous les genres. puisse-t-il subſiſter auſſi long-tems parmi nous, que l'idée sublime du patriotisme & de l'intrépidité subſiſtera parmi les véritables amis de la Conſtitution.

Et vous, grand Dieu, daignez donner d'âge en âge à la France, de ces ames généreuses qui offrent à tous les individûs de l'empire de fi beaux exemples, & qui méritent d'être couron- nés par de tels honneurs.

C'eft à cinquante & un an, à l'inftant où ce courageux citoyen se disposoit à jouir du fruit de ses longs & pénibles travaux, qu'il termina sa malheureuse carriere.

SECONDE PARTIE.

Je ne vous entretiendrai point ici, Meffieurs, des différentes précautions prises par le corps municipal, pour s'oppofer à l'entrée de cette troupe dans notre enceinte, des paroles éner- giques du Maire à ses collegues tous animés du même esprit, qu'il périroit plutôt que de se rendre coupable envers la loi, du refûs qu'il fit d'entrer dans la ville, à cette troupe armée, les uns de fufils, les autres de piques & gros bâtons, de leur réfiftance en profitant des hauteurs bordées d'une haye fort épaisse, à la faveur de laquelle ils nous devancerent dans la ville, (*) de ce res- pectable vieillard se présentant au corps munici- pal, couvert de sang & désarmé par ces hommes qui venoient de nous annoncer qu'ils n'avoient aucune vûe criminelle. Mais je ne puis vous taire l'événement de la porte Saint-Jacques, qui fût

____

(*) M. Blanchet.

comme le premier signal des malheurs qui menaçoient cette cité. Un rempart hérissé de bayonnettes s'oppose à notre passage ; M. le Maire les engage à se retirer, & sur leur résistance, il leur déclare qu'il va faire exécuter la Loi, il leur crie à différentes reprises d'ouvrir le passage ou qu'il alloit commander de faire feu. Je ne puis vous le dissimuler, Messieurs, notre brave Maire entraîné par un patriotisme trop bouillant & ne consultant que son devoir, ordonna le feu ; & j'ôse assûrer que le corps municipal ne doit son salut qu'à la prudence de la cavalerie & au grand sang froid de son chef, qui se garda bien de faire exécuter le commendement du Maire. Car vous le savez, Messieurs, & nous en avons fait la plus triste expérience : rien de plus difficile à réprimer que la fureur des peuples, une fois séduit par le fol esprit d'indépendance, alors l'amour de la liberté se changeant en une sorte de fanatisme, il n'est plus de frein qui les retienne, plus de barriere qui les arrête, plus de châtiment qui les intimide : la raison semble s'obscurcir dans tous les esprits, & le cris des Lois n'a plus d'empire. C'est une incendie qui étend ses ravages par les moyens mêmes imaginés pour l'éteindre ; c'est une mer en courroux qui, franchissant ses limites, ne connoît plus de digues qui l'arrête.

Cependant on nous livre le passage, nous traversons paifiblement la rue Saint-Jacques, nous arrivons à l'entrée du marché, la cavalerie se range en ordre de bataille, la Municipalité à sa tête composée alors (*) du Maire, de quatre Officiers municipaux, du Procureur de la commune & du Secrétaire-Greffier, escortée par trois ou quatre citoyens sous les armes. Alors une nombreuse troupes d'hommes armés se porte vers nous, nous somme, les uns par les voies de douceur, les autres par la contrainte à asseoir la taxe du bled. M. le Maire leur oppose la Loi ; des murmures se font entendre, le cliquetis des armes annonce quelque dessein funeste ; les officiers municipaux s'élancent au milieu des bayonnettes, tâchent par tous les moyens poffibles de rappeller ce peuple à la raison, prennent avec eux le titre d'amis, de freres, rien ne peut les séduire. Ils se reportent une seconde fois vers le Maire, il eft inexorable, on le menace ; les complots se forment, j'entends prononcer son arrêt de mort ; je me porte vers lui, je l'engage à se retirer en lui exposant que sa vie eft

____

(*) Simonneau, Maire ; Conftance-Boyard, Sibillon, Clartan & Fargis, Officiers Municipaux ; Sedillon, Procureur de la commune & Baron-Delifle, Secrétaire-Greffier ; Lavallery, Florat, & Canuet, Gardes Nationaux.

en danger ; non , dit-il , mon ami , je reste à mon poste ; on se porte en foule sur lui, un malheureux va pour le saisir , il est vivement repoussé par le commendant de la Cavalerie.

C'en est fait de notre respectable Maire ; les esprits s'agitent , les têtes se montent, des coups de fusils tirés au loin, sont le présage de l'évenement malheureux qui va nous dégrader aux yeux de la Nation.

Grand Dieu ! permettrez vous que la mort la plus cruelle , soit le prix de tant de courage , que cette enceinte qui fût toujours le séjour de la paix, soit profanée par un assassinat de cette espèce !

On brave la mort sur un champ de bataille , mais l'exemple des chefs, le bruit des armes , je ne sais quel enthousiasme militaire en cache le péril , & n'en montre que la gloire. Tous les jours on affronte les orâges d'une mer en courroux ; mais au dela de ses abymes & de ses éceuils, on apperçoit la fortune & ses trésors. Ici , au contraire , point de préjugé qui fasse illusion ; point de voile qui cache les horreurs de la mort ; point d'espérance qui rassure ses frayeurs.

O brave Simonneau ! qnelle accablante alternative ! ou perdre la vie , ou abjurer ton serment ! Malheureux , s'écrie-t-il , à cette troupe égarée , non, je ne cesserai d'être fidele à mon serment ; cruels ennemis de ma patrie, vous pouvez m'arracher la vie, & non pas un parjure.

Les coups de fusils se rapprochent, la Cavalerie se retire, les Officiers municipaux s'échapent au milieu des chevaux ; le Maire saisissant fortement la queue d'un cheval, croit sa vie bien assurée ; mais ô douleur ! ô fatalité ! mon cœur se souleve d'horreurs ; mes regards se réfusent à ce spectacle ! son chapeau tombe, les chevaux s'arrêtent & laissent un intervalle à la faveur duquel, un scélérat s'avance & lui applique un coup qui lui fend la tête & le renverse. Citoyens, vous entendîtes à l'inftant le cri d'allarmes, mais vous étiez loin de vous persuader qu'un scélérat audacieux, eût jamais osé tremper ses mains dans le sang du magiftrat que vous vous étiez choisis.

Vous contemplâtes de loin le naufrage, & vous n'en éprouvâtes point les horreurs. un soufle de vie lui reftoit apeine, lorsqu'il eft atteint d'un coup de fufil qui le lui arrache. A l'inftant, cette troupe barbare s'avance autour de ce cadavre fumant, commet mille atrocités dont la seule idée fait frémir.

O vous épouse éplorée, qui n'euffiez opposée à la barbarie du scélérat, d'autres défenses que la foiblesse & les pleurs ! qu'elle fût votre fituation dans ce moment d'allarmes? je laisse à des mains plus habiles à en trâcer le tableau.

Consolez-vous, femme senfible autant que res-pectable ; il n'exifte plus pour vous ; mais il vi-vra éternellement dans la mémoire des hommes.

Voir abreger fes jours par les langueurs d'une maladie inattendue; être enlevé, tout à coup au milieu d'une carriere florissante, & précipité dans les bras de la mort ; c'eft un malheur, sans doute; mais après tout, mourir d'une mort prématurée, victime de ces fléaux que le ciel tire, quand il lui plaît, des trésors de sa colere ; qu'eft-ce autre chose, finon payer à la nature un tribut qu'il faut lui payer tôt ou tard ; mais mourir sous le fer d'un barbare, victime de son courage ; c'eft un de ces malheurs, c'eft un de ces genres de mort dont la seul idée fait frémir la nature, mais du moins en mourant ainfi, on éprouve cette consolation que nos mânes n'auront point à rou-gir, qu'on meurt en défendant sa patrie, qu'on emporte dans le tombeau , les regrêts de ses concitoyens ; qu'enfin mourir pour sa patrie, c'eft mourir avec gloire.

Terminons ces lugûbres détails que je n'ai par-courû qu'en frémissant, & que vous n'avez en-tendû qu'avec horreur, pour nous livrer un ins-tant à l'enthoufiasme.

Nos freres de Paris continuellement occupés à consolider les bâses de notre liberté , quittent sans aucune confidération que celle de leur patriotisme bouillant, leurs foyers, leurs femmes, leurs enfans pour voler à notre sécours. Cette démarche généreuse sera une épôque auffi glorieuse que mémorable dans les faftes de ce Département ; mais notre douleur seroit à son comble, fi vous n'étiez pas convaincûs, Meffieurs, des sentimens de reconnoiffance dont nous sommes tous pénétrés. Je n'ai qu'un regret , c'eft de me sentir incapable de vous en rendre toutes les expreffions. Nous osons, donc, vous prier, l'orsque vous serez de rétour dans le sein de vos familles , de vouloir bien être nos interprétes auprès de vos compatriotes, de les bien assurer que fi les Étampois ne se sont pas fignalés dans cette fatalle journée , c'eft qu'il exifte une cause dont il eft essentiel de détruire le germe, & que, dans cette confidération , ils sont plus malheureux qué coupables.

O vous tous qui m'écoutez ! ranimez vous à l'ardeur de ces braves citoyens de Paris ! vous avez juré, cent fois, de maintenir la Conftitution de tout votre pouvoir ; c'eft par l'obéissance aux Lois, c'eft par le respect dû aux autorités conftituées, c'eft en protegeant ces mêmes autorités pour faire exécuter la Loi, que vous conserverez votre liberté, que vous vous garantirez des fureurs du fanatisme religieux & politique.

Depuis long-temps cette classe laborieuse & peu fortunée entraînée par l'esprit de vertige, ou séduite par quelques individus ennemis du bien public, ne voit dans la liberté réconquise, que la déplorable faculté d'exercer des violences & de méconnoître les magiftrats citoyens que la Loi lui donne; il faut enfin citoyens patriotes, que vous réuniffiez vos efforts pour désabuser ce peuple fi facile à tromper, fi naturellement porté à faire le bien quand on l'éclaire; il faut, maintenant plus que jamais, lui montrer tous les avantages d'une Conftitution qui lui rend l'exercice de ses droits naturels, mais qui désavoue, en même temps, la licence & condamne ses funeftes effets.

Tels sont les vœux que je forme pour le bonheur de cette Ville, s'ils sont exaucés: ça ira.